# LA FRONTERA

## El viaje con papá ~ My Journey with Papa

### Deborah Mills & Alfredo Alva

ilustrado por ~ illustrated by
**Claudia Navarro**

**Barefoot Books**
Step inside a story

Cuando era niño, mi familia vivía en el pequeño pueblo de La Ceja, en el centro de México, en el estado de Guanajuato. Mi familia había vivido allí por más de 100 años.

Mi abuelo, mi tío Tomás y mi papá trabajaban en los pinos piñoneros. Todos los días caminaban cinco millas hasta el bosque para recolectar los piñones de los árboles. Se subían a los árboles y recolectaban los piñones en costales. Me encantaba ver a mi abuelo remendar los costales, y deseaba que mis manos fueran así de rápidas.

En el verano, yo trabajaba con papá en el valle amontonando el maíz para que se secara. El valle también estaba lejos de nuestro pueblo.

⁓

When I was young, my family lived in the small village of La Ceja in central Mexico in the state of Guanajuato. For over 100 years, my family had lived there.

My grandfather, my uncle Tomás and my father all worked in the pinyon pine trees. Every day they walked five miles to the forest to gather the pine nuts from the trees. They climbed the trees and gathered the pine nuts in their sacks. I loved to watch Abuelo, my grandfather, mend the sacks, and wished my hands could move as swiftly.

In the summer, I worked with Papa in the valley stacking corn to dry. The valley was also far from our village.

Llegó el día cuando abuelo ya no podía hacer el trayecto de ida y vuelta hasta el bosque de pinos. Sin la ayuda de abuelo, papá no podía mantener a nuestra familia que era cada vez más numerosa. Yo era el mayor, pero era aún demasiado joven para trabajar todo el día.

Para entonces ya tenía dos hermanitos, Arturo y Luis, y una hermanita, Ilda. La bebé todavía tomaba leche materna, pero mis hermanos y yo estábamos siempre con hambre. Me daba cuenta de que papá estaba triste, y me sentía mal porque no podía ayudarlo.

Abuelo le dijo a papá que tenía que buscar un nuevo hogar.

—Tienes que salir de La Ceja y buscar un lugar donde haya abundancia de trabajo y donde tu familia prospere. Llévate a Alfredo contigo, pues es el mayor y te ayudará en el viaje.

~

The day came when Abuelo could no longer walk the distance to and from the pine forest. Without Abuelo's help, Papa could no longer provide for our growing family. I was the oldest, but I was still too young to work all day.

I now had two little brothers, Arturo and Luis, and a baby sister, Ilda. The baby still drank Mama's milk, but my brothers and I were always hungry. I could see Papa was unhappy, and I felt bad because I could not help him.

Abuelo told Papa he must find a new home. "You must leave La Ceja and find a place where work will be plentiful and your family will flourish. Take Alfredo with you, as he is your first-born and will help you on this journey."

Me entristecía la idea de dejar mi hogar. Iba a extrañar a mi burro, Fernando. Habíamos nacido en el mismo año, y lo quería mucho.

Iba a extrañar a mi abuelo y al tío Tomás. Iba a extrañar los juegos con mis hermanitos y mis amigos. Y no quería ni imaginarme cómo sería dejar a mamá. Tenía hambre, sí, pero no quería que cambiara mi vida.

~

I was sad to think of leaving my home. I would miss my donkey, Fernando. We were born in the same year, and I loved him.

I would miss Abuelo and Uncle Tomás. I would miss playing with my little brothers and my friends. I did not even want to think about leaving Mama. I was hungry, yes, but I did not want life to change.

Al día siguiente llegaron unos hombres desconocidos al pueblo. Vi a papá hablar en voz baja con el hombre al que todos llamaban "Coyote". Papá le dio dinero. Él no aceptaba pesos, solo dólares americanos. Luego los hombres se fueron.

Le pregunté a papá por qué llamaban Coyote al hombre. Papá me dijo:

—Se llama así por el animal. El coyote es famoso por su comportamiento sigiloso y astuto. Es solitario y tímido con los desconocidos, al igual que este hombre. Pero necesitamos su ayuda en nuestro viaje.

The next day, strange men came to our village. I saw Papa talking quietly with the man everyone called "Coyote." Papa handed him money. He would not take pesos, only American dollars. Then the men left.

I asked Papa why the man was called Coyote. Papa said, "He takes his name from the animal. A coyote is known for its stealthy, wily ways. It is a loner and shy of strangers, just like this man. But we need his help to make the journey."

Tío Tomás anunció que íbamos a tener una fiesta de despedida, y que iba a asar el puerco de la familia. Toda la gente del pueblo vino a la fiesta, desde el más viejo hasta el más joven. La fiesta duró todo el día y toda la noche. Nos llenamos de tortillas, arroz, pan de maíz y mucho más.

Mi primo Francisco tocó el acordeón y hubo baile, abrazos y besos. Cantamos mi canción favorita, "Amor eterno".

Uncle Tomás announced that we would have a going-away celebration, and he would roast the family pig for the feast. All the villagers came to the party — the very old and the very young. It lasted all day and all night. We filled our stomachs with tortillas, rice, corn bread and much more.

My cousin Francisco played the accordion, and there was dancing, hugging and kissing. We sang my favorite song, "Amor Eterno," which means *Eternal Love*.

Mi mamá me llevó al pozo que había detrás de la casa y me pidió que me sentara. Me miró a los ojos y me dijo:

—Tienes mucha suerte de ir en este viaje especial con papá. Debes ser fuerte. Imagínate que eres un pajarito que no necesita mucha comida o bebida para seguir volando hacia el norte. Así como las golondrinas que vemos todas las primaveras.

—Y Alfredito, no te olvides, te amo mucho, mucho.

No me dijo que no la vería ni a ella ni a mis hermanos y hermana por muchos años.

~

My mother took me to the well behind the house and sat me down. She looked me in the eye and said, "You are so lucky to be going on this special trip with Papa. You must be strong. You must think of yourself as a little bird who does not need much to eat or drink to keep flying north. Just like the swallows we see every spring.

"And Alfredito — don't forget, I love you so, so much." She did not tell me that I would not see her or my brothers and sister for many years.

Papá y yo salimos temprano a la mañana siguiente. Caminamos hasta la estación de autobuses y esperamos el autobús para Acuña. Era temprano y no había nadie en la calle. Algunas personas estaban sentadas en las bancas esperando el autobús, pero nosotros nos quedamos apartados y en silencio.

Papa and I left early the next morning. We walked to the bus station and waited for the bus to Acuña. It was early, and nobody was in the street. A few people were waiting on benches for the bus, but we stayed separate from the others and kept quiet.

En Acuña nos encontramos con el coyote, el desconocido que había venido a casa.

—El coyote no nos puede decir nunca su nombre —dijo papá—. Sabe que tiene muchos enemigos, como el astuto coyote de quien tomó el apodo.

—

In Acuña, we met "Coyote," the strange man who had come to our house. "Coyote can never tell us his real name," said Papa. "He knows he has many enemies, like the sly coyote he is named after."

El coyote nos llevó a la orilla del río Bravo. Nos escondimos en la hierba alta hasta que anocheció. El coyote nos dio una llanta vieja para usar de flotador, y nos dijo que se encontraría con nosotros al otro lado, en Estados Unidos.

Papá y yo tomamos la llanta e intentamos cruzar, pero la corriente era muy fuerte. Nos deslizamos a lo largo de la orilla hasta que llegamos a un lugar menos profundo. La luna brillaba con fuerza sobre el agua. Se veía hermosa.

Nos pusimos los costales en la cabeza y nos metimos en el río en silencio y rápidamente. Cuando el río se hizo más profundo, papá agarró mi costal y me amarró a él con una soga. Yo me abracé a su cuello. La corriente era fuerte, pero el agua no llegó a cubrir la cabeza de papá. Yo no tenía miedo, pero me alegraba de que tuviéramos la luz de la luna para guiarnos a cruzar.

——

Coyote took us to the edge of the Rio Grande river. We hid in the tall grass until it was truly dark. Coyote gave us an old inner tube to float across, and said he would meet us on the other side — in the United States.

Papa and I took the inner tube and tried to cross, but the current was too strong. We crept along the shore until we came to a shallower place. The moon was so bright, shining on the water. It was beautiful.

We put our sacks on our heads and quietly and quickly waded in. As it got deeper, Papa took my sack and tied me to him with a piece of rope. I wrapped my arms around his neck. The current was strong, but the water did not go over Papa's head. I was not afraid, but I was glad to have the moonlight to guide us across.

Tan pronto como llegamos al otro lado, buscamos al coyote, pero no lo vimos. Yo estaba contento, pero me di cuenta de que papá estaba preocupado. El coyote había desaparecido, llevándose el dinero de papá.

—Ahora tendremos que encontrar solos el camino, Alfredo —suspiró papá.

Comenzamos a alejarnos de la frontera y del río Bravo. Yo corrí hasta que mis piernas no podían avanzar más. Entonces papá me cargó hasta que él también se desplomó.

——

As soon as we reached the other side, we looked for Coyote, but we did not see him. I was glad, but I could tell Papa was worried. Coyote had disappeared — and taken Papa's money with him. Papa sighed, "We must find our own way now, Alfredo."

We started running away from the border and the Rio Grande. I ran until my legs would no longer keep moving. Then Papa carried me until he, too, collapsed.

En la mañana me di cuenta de que había dormido encima de unas piedras.
Estaba tan cansado que no había sentido las piedras en toda la noche.

———

In the morning, I saw that I had slept on top of rocks.
I was so tired, I had not felt those rocks all night.

Comenzábamos a caminar todos los días al amanecer, y caminamos durante cinco días. No había senderos y las zarzas me rasgaron la ropa. Tenía muchos rasguños. Cuando me sentaba o dormía en el suelo, me picaban las hormigas rojas, y siempre estaba atento por si veía escorpiones o víboras.

Cruzamos una montaña grande. Era empinada y rodaban piedras que me pegaban en las piernas. No me quejé y me esforcé por mantener el paso con papá. Cuando me vine a dar cuenta, habíamos dejado atrás la montaña.

We started walking at dawn every day, and we walked for five days. There was no path, and the brambles ripped my clothes. I had many cuts. When I sat or slept on the ground, I got bitten by fire ants, and I was always watching for scorpions and snakes.

We crossed over a big mountain. It was steep, and rocks kept tumbling down, hitting me in the shins. I did not complain and worked hard to keep up with Papa. Before I knew it, the mountain was behind us.

Al otro lado había un valle gigante. Caminamos hasta llegar a las vías del tren.
Las seguimos porque papá decía que la tripulación del tren llevaba jarras de agua,
y que las iban dejando a lo largo de las vías. Vi una y corrí a recogerla.

——

On the other side stretched a giant valley. We walked until we came to train tracks.
We followed them because Papa said the train crews carried jugs of water for us,
and would drop them along the tracks. I saw one and ran to pick it up.

A veces dormíamos encima de algún tren de carga que estuviera parado en las vías. Era un buen lugar para esconderse, pero teníamos que saltar rápidamente al suelo cuando el tren comenzaba a moverse porque no sabíamos a dónde iba.

———

Sometimes we slept on top of a freight train that had stopped on the tracks. It was a good place to hide, but we had to hop off quickly when the train started moving, because we didn't know where it was headed.

Saltamos muchas vallas. Yo iba en silencio, hablar tomaba demasiada energía.
Pero me sentía seguro con papá.

Él me miraba con una sonrisa y decía:

—Recuerda, pequeño, mi nombre es Raymundo y significa Rey del Mundo.

Eso siempre me hacía reír.

~

We climbed many fences. I did not talk much — it took too much energy.
But I felt safe with Papa.

He would look at me with a grin and say, "Remember, little one,
my name is Raymundo, and it means *King of the World!*"
It always made me laugh.

Le pregunté a papá a dónde íbamos, y me contestó: "A la Embajada". Yo no conocía esa palabra. En esos largos días de caminata, intentaba imaginarme qué sería eso de la Embajada. Parecía algo de categoría, como un reino o un palacio.

Yo le preguntaba:

—¿Cuánto falta para llegar a la Embajada? —pero él nunca me respondía.

———

I asked Papa where we were going, and he answered, "To the Embassy." I did not know this word. On those long days of walking, I tried to imagine what the Embassy could be. It sounded grand, like a kingdom or a palace.

I would ask him, "How much farther to the Embassy?" but he would never answer.

Al final del sexto día, llegamos a una choza destartalada. Tenía un letrero en español: *Está abierto. Tomen lo que necesiten y no destruyan nada. Gracias.*

Dormimos en la choza. Yo respiré aliviado. Estaba tan contento de no tener que dormir en el suelo y preocuparme por las hormigas rojas, las víboras o los escorpiones. Papá dijo que estábamos esperando a un hombre llamado Isidro, un amigo de abuelo.

Isidro llegó en su camioneta al día siguiente. Pude leer la placa: decía *Texas*. Me quedé profundamente dormido en esa camioneta segura y amiga.

⎯

At the end of the sixth day, we came to a broken-down shack. There was a sign on it in Spanish: "Está abierto. Tomen lo que necesiten y no destruyan nada. Gracias." *It's open. Take what you need and don't destroy anything. Thank you.*

We slept in the shack. I sighed with relief. I was so happy not to have to sleep on the ground and worry about fire ants, snakes or scorpions. Papa said we were waiting here for a man named Isidro, a friend of Abuelo's.

Isidro came in his pickup truck the next day. I could read the license plate: it said *Texas*. I fell fast asleep in his safe, friendly truck.

Isidro nos llevó a papá y a mí a la Embajada, que no era más que una colección de casas móviles destartaladas y muebles que la gente había tirado en el bosque detrás de una fábrica. Había un pozo viejo que aún funcionaba, pero el agua era de color café oscuro. Yo era el único niño en la Embajada.

—

Isidro took Papa and me to the Embassy, which was nothing more than a collection of broken-down trailers and furniture that people had dumped in the woods behind a factory. There was an old well there, and it still worked, but the water was very brown. I was the only child at the Embassy.

Dormíamos en un autobús viejo y comíamos en una choza de metal y triplay. Mi única amiga era una cría de pecarí, un puerco salvaje, que apareció por allí un día. Creo que había perdido a su mamá. Yo me sentía igual. Los dos estábamos solos, y con ella compartía todos mis pensamientos. Ella me recordaba a mi burro Fernando, en mi antigua casa. ¿Se estaría él preguntando a dónde me había ido?

———

We slept in an old bus and ate in a shack made of metal and plywood. My only friend was a baby javelina, a wild pig, who wandered in one day. I think she had lost her mother. I felt like I had, too. We were both lonely, and I told her all my thoughts. She reminded me of my donkey Fernando, back home. Was he wondering where I had gone?

Después de pasar unas semanas en la Embajada, comencé a ir a la escuela. Papá me enseñó el lugar donde me iba a recoger el autobús y me dio un billete de $100.

—Lleva esto siempre contigo —me dijo papá—, y no le digas a nadie que lo tienes.

Guardé el billete cuidadosamente en el bolsillo pequeño de mis jeans.

—Si alguien uniformado te para y te regresa a la frontera, usa este dinero para comprar un boleto de autobús de vuelta con nuestra familia a La Ceja.

～

After a few weeks at the Embassy, I started school. Papa showed me where the bus would pick me up and gave me a $100 bill.

"Carry this with you at all times," Papa said, "and don't tell anyone you have it." I put the bill carefully in the little pocket in my jeans. "If someone in a uniform picks you up and takes you back to the border, use this money to buy a bus ticket back to our family in La Ceja."

En México, todo el mundo iba caminando a la escuela, por eso me ponía nervioso tener que tomar el autobús escolar. Parecía algo peligroso. Mi padre me había dicho que estuviera atento a los hombres uniformados y yo creía que iban a estar en el autobús. Yo guardaba silencio y siempre me sentaba atrás.

Al pasar unas semanas me sentía más seguro en el autobús, pero en el salón de clase, me sentía solo. No hablaba inglés ni entendía nada. Sentía las miradas de los otros estudiantes y sabía que hablaban de mí.

———

In Mexico, everyone walked to school, so I was nervous getting on the school bus. It felt dangerous. My father had warned me to watch out for men in uniforms, and I thought they might be on the bus. I was very quiet and always sat at the back.

After a few weeks I felt safer on the bus, but in the classroom, I felt alone. I couldn't speak English or understand anything. I could feel the other students' eyes on me, and I knew they were talking about me.

Un día un niño llamado Antonio entró a nuestro salón y preguntó por mí. Era dos años mayor y hablaba español. Me di cuenta de que él les caía bien a los otros niños y que ellos estaban celosos de que viniera a verme.

A partir de ese día, todo comenzó a mejorar. Mis compañeros me ayudaban con la pronunciación de palabras en inglés. Usaban sus manos y caras para enseñarme los números, las figuras, los sentimientos, los nombres y las partes del cuerpo. ¡Cuántas palabras! Y como a mí se me daban bien las matemáticas, también los ayudaba.

Creo que mi maestra me había enviado a Antonio. Yo quería agradecérselo pero todavía no sabía las palabras adecuadas.

~

One day a boy named Antonio came into our classroom and asked for me. He was two years older and spoke Spanish. I could see the other boys liked him and were jealous that he was there to see me.

After that day, everything started to change for the better. My classmates helped me pronounce English words. Using their hands and their faces, they taught me numbers, shapes, feelings, names and body parts. So many new words! And since I was good at math, I helped them, too.

I think my teacher had sent Antonio to me. I wanted to thank her but did not know the right words yet.

Al terminar el verano, empecé a sentir que yo era parte del país. Ya podía hablar algo de inglés y podía conversar con mis nuevos amigos.

Siempre en el fondo de mi corazón estaba mi familia. Extrañaba a mamá, a mis hermanos y a mi hermanita, pero me gustaba mi nueva vida. Me estaba volviendo tejano. En noviembre de ese año, el presidente Reagan concedió la amnistía a millones de inmigrantes, lo que significaba que podíamos comenzar con el largo proceso de solicitar la ciudadanía.

~

By the end of the summer, I was beginning to feel like I belonged. I could speak some English now and could talk to my new friends.

Always at the center of my heart was my family. I missed Mama, my brothers and little sister, but I liked my new life. I was becoming a Texan. In November of that year, President Reagan granted amnesty to millions of immigrants, which meant we could begin the long process of applying for citizenship.

*Cuatro años después*

Un día papá me recogió de la escuela en su camioneta. Me dijo:

—Hoy vamos a hacer un viaje muy especial a una ciudad llamada El Paso, en la frontera.

Yo no quería ir, pero papá me prometió que esta vez no tendría que dormir encima de piedras ni preocuparme de coyotes. El viaje duró muchas horas. Era primavera, y recuerdo que las plantas silvestres a lo largo de la carretera estaban llenas de flores.

⁓

*Four years later*

One day Papa picked me up from school in his truck. He said, "We are going on a very special trip today to a town called El Paso, on the border." I did not want to go, but Papa promised me that this time I would not have to sleep on rocks or worry about Coyotes. We drove for many hours. It was spring, and I remember all the wildflowers were in bloom along the highway.

Cuando llegamos a El Paso, me quedé sin palabras al ver las caras que había extrañado por tanto tiempo. Luis, Arturo e Ilda, mucho más grandes. Y mamá . . . No me podía mover. Sentí una mano en el hombro. Sabía que era la de mamá. Me llegó al fondo del corazón. Me rodeó con sus brazos y nos abrazamos durante un largo rato.

"Por fin", pensé. "Por fin estamos juntos otra vez como familia".

⸺

When we arrived in El Paso, I was speechless to see all the faces I had missed for so long. Luis, Arturo and Ilda, all so much bigger now. And Mama . . . I couldn't move. I felt a hand on my shoulder. I knew it was Mama's. It reached right to the center of my heart. She embraced me, and we held each other for a long time.

*Finally*, I thought. *Finally. Our family is together again.*

Alfredo

Alfredo Alva con su familia en Texas, 2016 / Alfredo with his extended family in Texas, 2016

# La historia de Alfredo / Alfredo's Story

Este libro narra la verdadera historia del viaje de Alfredo Alva a Texas en los años 1980. El padre de Alfredo trabajó de albañil especializado en cantería al llegar a Estados Unidos, y Alfredo también se hizo cantero. Todavía vive en Texas y tiene dos hijos. Todo el que migra de México a Estados Unidos tiene su propia historia. La familia de Alfredo pudo al fin reunirse y se hicieron ciudadanos americanos, pero las historias de muchas familias de inmigrantes tienen otros desenlaces.

Alfredo trabajó con su vecina, Deborah Mills, para escribir esta historia. Alfredo y Deborah querían compartir esta historia porque muchos niños experimentan viajes parecidos hoy en día: no solo en México y Estados Unidos, sino en todo el mundo. Escuchar estas historias contribuye a que las personas entiendan lo que es pasar por un viaje tan difícil como el de Alfredo.

This book tells the true story of Alfredo Alva's journey to Texas in the 1980s. Alfredo's father started working as a stonemason after they moved to the United States, and when Alfredo grew up, he became a stonemason, too. He still lives in Texas and has two young children of his own now. Everyone who immigrates from Mexico to the United States has a unique story. Alfredo's family was eventually reunited, and they became U.S. citizens, but many immigrant families' stories end differently.

Alfredo worked with his neighbor, Deborah Mills, to write this story. Alfredo and Deborah wanted to share this story because many children experience similar journeys today — not just in Mexico and the United States, but all over the world. Hearing these stories can help other people understand what it would be like to experience a difficult journey like Alfredo's.

# Fronteras y cultura / Borders & Culture

Alfredo y su papá cruzaron el río Bravo, el río que comprende gran parte de la frontera entre México y Estados Unidos. Tiene casi 2,000 millas (3,000 km) de largo. En algunos lugares, el río es profundo y ancho; en otros, es más estrecho y poco profundo.

Alfredo and Papa crossed the Rio Grande, the river that forms much of the border between Mexico and the United States. It is almost 2,000 miles (3,000km) long. In some places, the river is deep and wide; in others, it is more narrow and shallow.

A veces las fronteras entre los países cambian debido a guerras o a que se crean nuevos países. En otros casos, las fronteras cambian porque la Tierra cambia. Cuando se usa de frontera algo como un río o una cordillera, la frontera se desplaza con el tiempo a medida que el terreno cambia.

Borders between countries can change sometimes because of wars or because new countries are formed. Other times, borders change because the earth itself changes. When a landmark, like a river or a mountain range, is used as a border, the border will move over time as the land changes.

Estados Unidos tomó cerca de la mitad del territorio de México en 1848, al final de la intervención norteamericana en México. Ese territorio se convirtió en Texas, Nuevo México, Arizona, California y otros estados. ¡No es de extrañar que esos estados tengan muchas tradiciones de la cultura mexicana!

The United States took about half of Mexico's land in 1848 at the end of the Mexican–American War. That land became Texas, New Mexico, Arizona, California and other states. It's not surprising that those states still carry on many traditions from Mexican culture!

ESTADOS UNIDOS / UNITED STATES

EL PASO

TEXAS

KERRVILLE

ACUÑA

MÉXICO / MEXICO

LA CEJA

Esta es la ruta de viaje aproximada que Alfredo y su papá recorrieron. / This is the approximate route that Alfredo and Papa traveled.

LA FRONTERA ENTRE ESTADOS UNIDOS Y MÉXICO / THE U.S.-MEXICO BORDER

- - - - Antes de 1848
Before 1848

——— Después de 1848
After 1848

# Inmigración / Immigration

En todo el mundo hay gente que emigra (se traslada de su país de origen a otro). Se puede viajar en avión, carro, barco o, incluso, a pie, como Alfredo y su papá. Algunos inmigrantes le pagan a un "coyote" para que los guíe cuando cruzan de México a Estados Unidos, como hizo el papá de Alfredo. Estos guías toman el apodo de un animal muy listo, parecido a un lobo, que caza cerca de la frontera y que se llama coyote. Los inmigrantes deben pagarles mucho dinero a estos guías para llegar a salvo. Los coyotes no son siempre fiables y a veces le roban el dinero a la gente en lugar de ayudarla. En otros países, los guías que cruzan a las personas reciben otros nombres.

People immigrate (move from their home to a new country) all over the world. A person might travel on a plane, in a car, on a boat or even on foot, like Alfredo and Papa. Some immigrants pay a "coyote" to guide them across the U.S. border from Mexico, as Alfredo's papa did. These guides are named after clever, wolflike animals called coyotes that hunt near the border. Immigrants must pay these guides a lot of money in order to arrive safely. The "coyote" guides are not always reliable, and sometimes they steal money from people instead of helping them. In other countries, guides who bring people across other borders are called by different names.

Photographs by Deborah Mills / Fotografías por Deborah Mills

La calle principal en La Ceja, México
The main street in La Ceja, Mexico

La gente tiene diferentes razones para emigrar. A veces los inmigrantes sienten la "llamada" de otro país por las oportunidades de mejores trabajos o calidad de vida, o para reunirse con la familia; en otros casos, se ven forzados a dejar su hogar por problemas como las guerras.

People have many different reasons for immigrating. Sometimes immigrants feel "pulled" to a new place for better jobs or quality of life, or to reunite with family; other times they are "pushed" to leave home because of problems like wars.

Tomás Alva, tío de Alfredo
Alfredo's uncle, Tomás Alva

Tomás Alva recolectando piñones
Tomás Alva gathering pine nuts

Los gobiernos de cada país tienen leyes sobre inmigración. Estas leyes a menudo requieren documentos oficiales para que las personas puedan ingresar y permanecer en un nuevo país. Obtener estos documentos puede ser muy difícil. Alfredo y su papá ingresaron a los Estados Unidos sin esta documentación. Después de su llegada, cambios en la ley de inmigración les dieron la oportunidad de convertirse en ciudadanos estadounidenses.

Sin embargo, muchos inmigrantes no son elegibles para solicitar la ciudadanía. En este caso, el gobierno podría enviarlos de regreso al país que dejaron. Es por eso que el papá de Alfredo le dio dinero para que regresara a La Ceja, en caso de que lo enviaran al lado mexicano de la frontera.

Torribio Alva, papá de Alfredo, con su amigo Tito García / Alfredo's father, Torribio Alva, with a friend, Tito Garcia

National governments have laws about immigration. These laws often require official documents for people to enter and stay in a new country. It can be very difficult to obtain these documents. Alfredo and Papa entered the United States without this documentation. Changes in the laws after they arrived gave them the opportunity to become American citizens.

However, many immigrants aren't eligible to apply for citizenship. In this case, the government could send them back to the country they left. This is why Papa gave Alfredo money to return to La Ceja — in case he was sent back to the Mexican side of the border.

Alfredo y su papá en la casa de la familia en La Ceja / Alfredo and his father at their family's house in La Ceja

Xiclaly Alva, sobrina de Alfredo
Xiclaly Alva, Alfredo's niece

Cuando se mudan, los inmigrantes traen consigo parte de su cultura. Por ejemplo, alimentos tradicionales mexicanos como las tortillas, la salsa y el guacamole se han vuelto populares en Estados Unidos entre personas de diferentes culturas. Si vives en Estados Unidos, es muy probable que tus antepasados hayan venido de otro país, aunque fuera hace mucho tiempo. ¿Hay tradiciones o historias que tu familia trajo consigo?

Immigrants bring parts of their culture with them when they move. For example, traditional Mexican foods such as tortillas, salsa and guacamole have become popular in the United States among people of many different cultures. If you live in the U.S., most likely your family or your ancestors came there from another country, even if it was a long time ago. Are there traditions or stories your family brought with them?

Dedicamos este libro a todos los inmigrantes del mundo.
We dedicate this book to all immigrants everywhere. — D. M. & A. A.

Para Pau y Santi, con amor
For Pau and Santi, with love — C. N.

Barefoot Books les agradece a las siguientes personas sus inestimables puntos de vista y reflexiones en la creación de este libro:

⁓

Barefoot Books would like to thank the following people for their invaluable perspectives and thoughtful input in the creation of this book:

- Sarahy Sigie, Barefoot Books, for communications translation and sensitivity reading

- Ouranitsa Abbas, Immigration Legal Representative

- Becky Kidd, Clinical Social Worker (LCSW–C), Esperanza Center

- María-Verónica A. Barnes, Director of Diversity Education, Lexington Montessori School (Lexington, MA)

Barefoot Books
23 Bradford Street, 2nd Floor
Concord, MA 01742

Barefoot Books
29/30 Fitzroy Square
London, W1T 6LQ

Text copyright © 2018 by Deborah Mills and Alfredo Alva
Endmatter text by Barefoot Books
Illustrations copyright © 2018 by Claudia Navarro
Photographs copyright © 2018 by Deborah Mills
The moral rights of Deborah Mills, Alfredo Alva
and Claudia Navarro have been asserted

First published in Great Britain by Barefoot Books, Ltd and in
the United States of America by Barefoot Books, Inc in 2018
All rights reserved

Graphic design by Sarah Soldano, Barefoot Books
Edited and art directed by Lisa Rosinsky, Barefoot Books
Translated by María A. Pérez

Reproduction by Bright Arts, Hong Kong
Printed in China on 100% acid-free paper
This book was typeset in Hombre BT,
Might Could Pen and Zemke Hand
The illustrations were prepared in
graphite, acrylic and digital collage

Hardcover ISBN 978-1-78285-388-6
Paperback ISBN 978-1-78285-392-3

British Cataloguing-in-Publication Data: a catalogue
record for this book is available from the British Library

Library of Congress Cataloging-in-Publication Data
is available under LCCN 2017057168

9 8